30秒认识昆虫

[英] 安娜·克莱伯恩 著
[英] 韦斯利·罗宾斯 绘
[法] 帕特里斯·布沙尔 顾问
刘静静 译

中信出版集团 | 北京

图书在版编目（CIP）数据

30 秒认识昆虫 /（英）安娜·克莱伯恩著；刘静静译 . -- 北京：中信出版社，2019.7
（30 秒看世界）
书名原文 : Insects in 30 Seconds
ISBN 978-7-5217-0732-8

I. ① 3… II. ①安… ②刘… III. ①昆虫－少儿读物 IV. ① Q96-49

中国版本图书馆 CIP 数据核字（2019）第 117275 号

30秒认识昆虫

著　　者：[英] 安娜·克莱伯恩
译　　者：刘静静
出版发行：中信出版集团股份有限公司
（北京市朝阳区惠新东街甲 4 号富盛大厦 2 座　邮编　100029）
承 印 者：北京利丰雅高长城印刷有限公司

开　　本：787mm × 1092mm 1/16　　印　　张：5　　字　　数：60 千字
版　　次：2019 年 7 月第 1 版　　印　　次：2019 年 7 月第 1 次印刷
京权图字：01－2018－7505　　广告经营许可证：京朝工商广字第 8087 号
审 图 号：GS（2018）5921 号
书　　号：ISBN 978－7－5217－0732－8
定　　价：460.00 元（全 20 册）

图书策划：见识城邦
策划编辑：肖雪　程时音　　责任编辑：卢建勇　曲沛然　于贺
营销编辑：杨瑛　　装帧设计：象上设计
责任印制：刘新蓉

30秒认识昆虫

目录

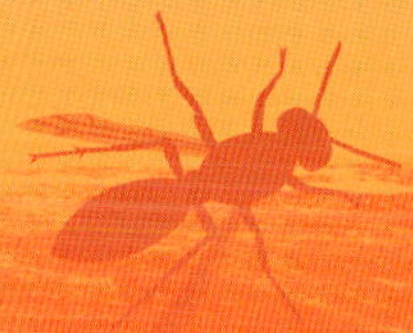

序

60秒介绍

你可能认为这个世界上有着数不胜数的人，然而与昆虫的数量相比，人类的数量不值一提。在这个星球上，每存在一个人，就存在着成百万上千万的昆虫。尽管它们的个头比我们小很多，但是把它们聚集在一起的话，它们所占的空间和重量远超地球上所有人的总和。

部分原因是人只有一个种类，或者说一个品种，而昆虫却有将近100万种（光是甲虫就有400 000种）！并且，科学家们每一年都会发现和命名成百上千的新品种。

所以，我们经常撞见各种昆虫——在厨房嗡嗡乱窜的苍蝇、在花园或公园翩翩起舞的蝴蝶，或者躲藏在食品柜里鬼鬼祟祟的蟑螂——也就不足为奇了。我

们与昆虫共享生活空间，而它们喜欢与人类共享食物、鲜花，有些甚至靠我们的厨余垃圾生存。事实上，昆虫几乎遍布世界上的每一个角落、每一种生态环境 沙滩、田野、土地、地下洞穴、高山、热带丛林、炙热的沙漠、河流和湖泊，都有昆虫居住。即便是在天寒地冻的南极洲，也有昆虫存活下来。

昆虫对人类来说至关重要，它们通过各种各样的方式影响着我们的生活。有些是不良影响，例如，一些昆虫会通过叮咬传播致命疾病，以及啃食农作物和我们储存的食物（甚至是我们最喜欢的衣服）。然而，昆虫也会给我们带来许多好处——为我们提供蜂蜜、蜂蜡和蚕丝，帮助植物传播花粉，因而才会有果实和种子供我们果腹。确切地说，如果没有昆虫，我们的生活将会发生翻天覆地的变化……

本书所探讨的每个主题都有一页导读，你可以按照自己的喜好尽可能快地读完它，以便快速掌握要点；此外，还有一整页的彩色图片和简短总结。尝试挑战文中穿插的各种任务，去发现关于这些神奇小动物的更多信息吧。

昆虫的身体

如果有人让你画一张昆虫的草图，你可能会画出某个长有一个身体、一个头、六条腿和两根触角的物体。如果你画出来的真是这样，那么恭喜你，完全正确！虽然昆虫的形状和个头千变万化，但是它们都有个共同点——拥有前面所提到的基本身体构造。有的昆虫还会长有一对或两对翅膀。它们的另一个共同点是——个头儿略小。体形较大的昆虫也大不过这本书的一页纸。

身体构造

30秒大揭秘

辨别一只昆虫最便捷的方法是数数它有几条腿。一只成年昆虫有六条腿、两根触角，身体分三部分。幼虫看起来则大相径庭。

数一数腿的数目，你就会发现，蜘蛛、蝎子、螨虫和蜱虫并不算是昆虫，因为它们都有八条腿。而蜈蚣、马陆（俗称千足虫）就更不是了，它们的腿更多。

昆虫通过头上的两根触角来感知空气中的气味。有时候，它们使用触角来触碰或感知其他昆虫。蚂蚁通常依靠触角相碰传递信息。触角的形状有长有短，有粗有细；有的触角呈条纹状，有的像汤匙，有的像羽毛。

昆虫的身体分为三部分：头、胸和腹。眼睛、口器和触角长在头部。六条腿和翅膀（如果有的话，并非所有昆虫都有翅膀）长在胸部。一般而言，腹部是最大的那一部分，里面包含绝大多数的器官，例如胃和肠。

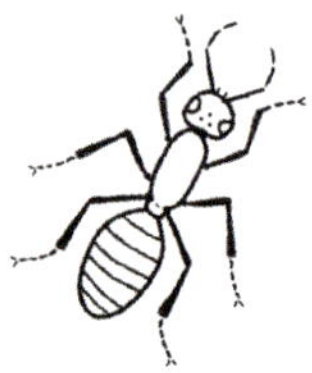

3秒钟总结

昆虫拥有六条腿、两根触角，身体分为三个体段。

3分钟任务

辨一辨

以下生物哪些是昆虫，哪些不是，请辨一辨。可上网查找相关资料。

蚊子·头虱·狼蛛·萤火虫·蜗牛·尘螨·跳蚤·飞蛾·蝎子·潮虫

（答案在78页）

这些昆虫看起来截然不同，其实，它们的身体构造基本相同

这只燕尾蝶有两对翅膀，而有些昆虫没有翅膀

从图中可以看出，这只蝴蝶的身体明显分为三个体段

蚂蚁通过两根长触角感知气味、互相交流

有些昆虫，比如这只盾背椿象，身体的分节很难被看出来，不过它的身体确实是由三个体段组成的

附肢分节

30秒大揭秘

昆虫属于节肢动物。“节肢”的意思是附肢分节，蜘蛛、蜈蚣、螃蟹和龙虾也是节肢动物。

正如人类四肢的关节那样，昆虫附肢的关节利于附肢自如弯曲和移动。然而，昆虫的足与人类不同，因为它们足的内部没有骨头，只有肌肉。昆虫的足部由一种类似指甲的坚硬物质——甲壳素构成。

通常，昆虫的附肢分节，由关节连接。肌肉拉扯着腿部移动，因此昆虫可以爬行、快速移动或者跳跃。昆虫界的“飞毛腿”当属澳大利亚斑蝥，它的速度最高可达每小时9千米。它的身体仅有2厘米长，因此这个速度相当于每秒爬行自身长度的125倍。如果人类达到对应的速度，则会快如喷气式飞机。

在跟饥肠辘辘的捕食性动物，例如鸟或者蜥蜴搏斗时，昆虫有时会失去一两条腿。蟑螂和螳螂等昆虫可以重新长出一整条腿或其中的一部分。

3秒钟总结

昆虫是节肢动物，腿部的关节有助于它们四处活动。

3分钟任务

腿部大调查！

下次，当你在家里发现一只苍蝇、飞蛾或者蠼螋时，把它放在一片玻璃下（可以向大人寻求帮助），近距离观察。你能看见每条腿有几个关节呢？它们如何移动？观察完之后，记得把它们放生哦。

虽然昆虫都是节肢动物，但是它们的腿并非完全一样。因为各自特殊的移动方式，昆虫的腿会长出相应的独特形状

外骨骼

30秒大揭秘

在我们人类的身体里有一副由坚硬骨骼构成的骨架，正是它起着支撑作用。但是昆虫体内没有骨骼，那是什么支撑着它们呢？

昆虫的骨骼在体外，叫作外骨骼。外骨骼是昆虫强有力的保护壳，主要由坚韧灵活的甲壳素构成。甲壳素有点儿像塑料，它可以成为甲虫的硬壳，厚且坚硬，也可以变得薄而柔韧。这意味着，外骨骼的某些部分可以比其他部分更柔软、更灵活，因此昆虫可以活动自如。

外骨骼将昆虫的身体包裹起来，并且塑造了它的形状，为它抵御天敌的攻击，还能防止水分流失。

外骨骼上被称为“气门”的小孔可以让空气进出，因此昆虫可以吸进氧气。

昆虫的外骨骼有多种多样的颜色和花纹。鲜艳的颜色可以向捕食者发出警告——这类昆虫是有毒的，暗沉的颜色则可以帮助昆虫与周围的环境融为一体。幼虫长大的过程中，外骨骼不断脱落，直到它们成年。之前的外骨骼脱落后，裸露的软壳会变硬、脱水，形成新的、更大的外骨骼。

3秒钟总结

外骨骼是昆虫的坚硬外壳，为它提供支撑和保护作用。

3分钟任务

鹅卵石甲虫

你需要：椭圆形、形状像甲虫的鹅卵石，旧指甲油和记号笔或者颜料

在浅色鹅卵石上涂色，或者画上圆点、条纹或其他图案。你能制作一只逼真的鹅卵石甲虫，藏在草丛里或树干上也不被发现吗？

昆虫体外有坚硬的外骨骼

马利筋叶甲虫把苦味化学物质储存在体内。它们身上那鲜艳的红色斑纹是对捕食者的一种警告

这只蟋蟀的外骨骼已经脱落，蜕下的外壳看起来就像纸糊的怪物

昆虫的翅膀

30秒大揭秘

昆虫的翅膀从外骨骼长出，并且与它的构成物质相同——都是甲壳素。外骨骼上附着的肌肉帮助昆虫振翅飞翔。

昆虫的翅膀极薄，以至于你能透过翅膀这一面看到另一面。不过，昆虫的翅膀上分布着如蜘蛛网一般的静脉，从而加强了翅膀的坚韧度。蝴蝶和飞蛾的翅膀上还覆盖着微小的鳞片，形成闪闪发亮的花纹。

蜜蜂、黄蜂、蜉蝣、蜻蜓、甲虫等大部分昆虫都有两对翅膀，也就是四只。长有成对的翅膀，昆虫才能保持平衡，否则，它们就只能不停地绕圈。甲虫前面的翅膀非常坚硬，叫作鞘翅。甲虫通常把用来飞行的那对翅膀藏在鞘翅之下。

有些昆虫只在需要的时候长出翅膀。例如，当食物匮乏时，蚜虫会长出翅膀，从而飞离原地，找到新的地方和新的生活。昆虫的幼虫或若虫都没有翅膀，而部分成年昆虫也没有翅膀。跳蚤擅长跳跃，所以它不需要飞行。沙螽是一种长得像蚱蜢、栖息在新西兰的昆虫，它体形硕大，虽然不能飞行，却会弹跳。衣鱼[1]跑得极快，一般躲在黑暗的角落里。

3秒钟总结

大部分昆虫有两对翅膀，少数昆虫仅有一对，有些甚至没有翅膀。

小知识

嗡嗡嗡！

你挥动双臂的频率能有多快？昆虫发出嗡嗡声是因为它们在以每秒多次的频率振动翅膀。家蝇和蜜蜂可以每秒振动翅膀超过200次，有些昆虫可以更快。有一类蚊子——一种小型咬蝇，能够以每秒1 040次的频率拍动翅膀！

[1] 衣鱼，一种无翅小型昆虫，长有银白色细鳞，尾分二歧，形状像鱼，故有此名。——译者注

能够飞行的昆虫都有一对或者两对翅膀，并且以成双成对的方式长在外骨骼上

一只瓢虫——甲虫的一种——准备升起鞘翅，打开收在下面的飞行翅膀

昆虫的眼睛

30秒大揭秘

昆虫的眼睛与我们眼睛的工作方式截然不同。事实上，它们有两种眼睛，每只昆虫至少长有其中一种，或者两种都有。

能够在苍蝇身上看到的那种大而凸出的眼睛叫作复眼。复眼实际上由许多细小的眼睛共同构成。这些细小的眼睛被称为小眼，它能单独看到图像。昆虫的大脑将这些微小的图像——有点儿像电脑屏幕上的像素——拼合在一起，形成完整的大图像。

昆虫的另一种眼睛叫作单眼。它非常小，结构简单，不能清晰地看到事物，但是可以分辨明暗。

一些昆虫，例如蠼螋，只有复眼。其他的昆虫，例如跳蚤，只有单眼——通常分布在头的两侧。还有一些昆虫，例如黄蜂和蚂蚁，有两只巨大的复眼，同时还有大量的单眼。

并非所有的昆虫都能看到颜色，而蝴蝶等昆虫拥有绝佳的颜色辨识能力，来帮助自己找到花朵。

3秒钟总结

大部分昆虫有大的复眼或者简单的单眼，抑或两者都有。

3分钟任务

从苍蝇的视角看世界！

你需要：铅笔、泡塑包装、卡片、剪刀和胶带

1. 在卡片上画一副眼镜，可以比照真正的眼镜画圆圈。
2. 把眼镜剪下来。请大人帮忙剪出能够放下镜片的洞。
3. 把泡塑包装剪下来，贴在镜片的位置。
4. 现在，戴上你自己制作的“苍蝇眼睛”，试着用它来看世界吧！

有一些昆虫看到的世界是由许多小图像构成的，还有一些昆虫仅能分辨明暗

蜻蜓有大大的复眼，所以会用敏锐的视力来追捕猎物

跳蚤有两只简单的单眼，仅仅可以分辨明暗

复眼

复眼由许多细小的眼睛构成，每个小眼向大脑传递独立的图像

单眼

微小的单眼只有水晶体和结构简单的感光细胞

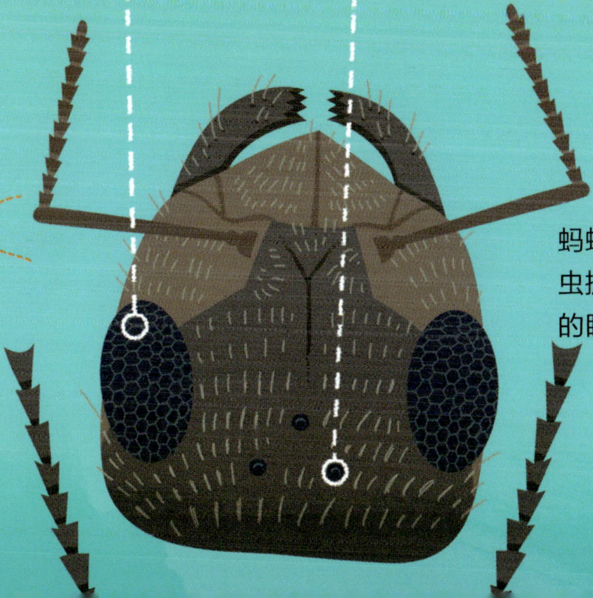

蚂蚁、黄蜂等昆虫拥有两种类型的眼睛

昆虫的生命周期

生命周期是指昆虫所经历的从出生或从虫卵中孵化、成长、找到配偶到生育后代这一系列变化的过程。事实上，所有的生物都有生命周期，这是为了保证每种生物都有后代，物种得以延续。许多昆虫的生命周期都有好几个阶段，并且每个阶段的样子都截然不同。

寻找配偶

30秒大揭秘

正如其他动物那样，大部分昆虫只能通过雄性和雌性昆虫在一起交尾的方式繁殖。来自雄性的精子与来自雌性的卵子结合，形成可以孵化出幼虫的受精卵。

为了实现这一目标，同一物种的雄性和雌性必须找到对方，其中一种方式便是通过气味。一些飞蛾，例如天蚕蛾和巨型孔雀蛾，拥有非常好的嗅觉，雄性利用它们非常大的触角来搜寻雌性的气味，可以定位两千米之外的雌性。

大闪蝶的翅膀底侧是一种伪装色，所以当它们停止不动，并把翅膀竖起来时，其他动物就很难发现它们。但是到了需要寻找配偶时，它们会飞来飞去，炫耀翅膀底侧明亮的蓝色。萤火虫（甲虫的一种）的身体会闪光，便于雌性与雄性发现对方。

雄性蚱蜢和蝉通过发出吱吱或嗡嗡的声音吸引雌性。雄蝉待在树上，使身上像鼓的那一部分震动，产生高达120分贝的喧闹声响——和电锯的声音一样响亮。雌性一般会飞向声音最响亮的雄性。

3秒钟总结

为了交尾和生育，雄性与雌性昆虫首先需要找到对方。

小知识

震耳欲聋！

在昆虫界，蝉的声音最为嘹亮。对人类来说，它们制造的声音简直惊天动地！如果你生活的地方没有蝉的踪迹，那你很难想象它们能制造多大的噪声。下次你听到报警器的尖锐响声，或者就在你耳边响起的汽笛声，或者你从一个聒噪的修路钻机旁经过时，你就会恍然大悟！

雄性萤火虫通过发出一系列的闪光吸引雌性。每个品种的萤火虫的闪光模式不同

这只萤火虫先是产生一系列快速的闪光，紧接着是不闪光的短程飞行

这只则是另外一种闪光模式，它会猛然下降，每次闪光时形成一种“J”形曲线

雌性萤火虫在一个灌木丛或者一棵树上观看这场展览，然后使自己的尾部闪光，向同一品种的雄性做出回应

这只萤火虫腹部的末端正在发光，其中包含一种被称为“荧光素”的化学物质，它能与氧气结合，产生亮光

孵化

30秒大揭秘

正如鸟、蜥蜴和青蛙那样，大部分昆虫通过产卵、孵化幼虫的方式繁殖。昆虫的幼虫有各式各样的形态。

例如，蜜蜂、家蝇和蝴蝶的卵会孵化成幼虫，也叫蛆、蛆虫或者毛毛虫。这些柔软、蠕虫一般的幼虫长大后则迥然不同。幼虫必须不断进食和生长，然后经历蜕变，化为成虫。

像蜻蜓、衣鱼这类昆虫，它们的卵则会孵化成若虫——看起来与成虫大同小异。若虫像是迷你型的成虫，形态与它相似。若虫逐渐成长，经过几个阶段变成成虫。

大部分昆虫体形较小，而它们的卵就更小了！最小的是一种小飞蝇的卵，它的50个卵排成一行才刚刚一毫米。

有些昆虫，例如蚜虫和采采蝇，并不产卵。它们直接生出幼虫或者若虫。

3秒钟总结

大部分（并不是所有）昆虫会产卵，再由卵孵化出不同形态的幼虫。

3分钟任务

观察虫卵

试着寻找下列昆虫的卵，尤其是在春天：

- 瓢虫的卵是黄色的，呈长椭圆形，可以在各种叶子上找到。
- 小红蛱蝶的卵形似小颗的绿色醋栗，一般出现在蓟或者荨麻叶上。
- 你可能在泥土中见到过蚂蚁的卵。它们一般是乳脂色，椭圆形，末端还有一个小圆点。

你可能会在家中、公园或者花园里发现不同类型的昆虫卵。它们会孵化出什么，又是什么时候孵化呢？

瓢虫的卵一般产在叶子的背面，会孵化成小小的、黑色的幼虫

小红蛱蝶的卵大多在叶子上，最终孵化出毛毛虫

衣鱼的卵普遍出现在浴室，能孵化成极小的幼年衣鱼，即若虫

家蝇的卵通常分布在腐烂的鱼上，最终孵化成蠕动的蛆虫

毛毛虫

30秒大揭秘

蝴蝶的生命周期——从卵到毛毛虫、到蛹、到成虫——是昆虫生命周期中最广为人知的。但是，这些变化具体是如何发生的呢？

一般而言，蝴蝶会在毛毛虫喜欢吃的植物上产卵，例如菜粉蝶会将卵产在圆白菜上。大约三天后，小小的毛毛虫从卵中孵化出来。它们大概有4 毫米长，先吃掉自己的卵壳，然后开始啃食圆白菜的叶子。

在第二个月，毛毛虫长至之前的10倍大，其间经历好几次蜕皮。一旦毛毛虫足够大，就会变成蝶蛹。它最外层的皮会被两头尖的、坚硬的绿色外壳取而代之，由一根丝吊着，悬挂在圆白菜、篱笆或者围墙上。

蝶蛹里的毛毛虫并不是简简单单地直接长出蝴蝶翅膀、腿和触角。相反，它的身体几乎都溶解成一种胶状物体。之后，成分重组，虫体逐渐变成一只成年蝴蝶的样子。这种形态变化的完成需要大约11天。最终，蝶蛹裂开，新生命破茧而出。

3秒钟总结

在一只蝴蝶的生命周期里，它需要经历一系列的变化。

小知识

闪闪发光的金子

有一些蝴蝶，比如出自中美洲的斑点蛱蝶，有着自带金属质感的闪闪发光的蝶蛹，看起来就像是由金子制成的。这也是为什么它们在英文中被称为“chrysalis”（蝶蛹），这个词也有“黄金般的”之意。

一只菜粉蝶的生命周期是：从一只成年雌蝶产下的卵、毛毛虫、蛹最终到一只新的成虫

成年菜粉蝶只能存活几周时间。在此期间，雄蝶与雌蝶相遇、交尾

成虫破蛹而出

雌蝶将卵产在圆白菜叶子上

就像其他许多昆虫那样，菜粉蝶产卵后便会离开，任由幼虫自力更生。幼虫得不到父母的照顾，只能自己觅食

发育完全的毛毛虫会变成蝶蛹

幼虫在蛹内转变为成虫

慢慢成长

30秒大揭秘

与人类不同的是，许多种类的昆虫作为幼虫生活的时间要长于成虫。一只毛毛虫可能会存活好几个月，而它变成蝴蝶之后仅能活一周。一只蜉蝣可能会以若虫的形态存活两年，而成年后仅仅能够维持一至两天的生命！

最为奇怪的当属北美森林中的周期蝉（periodical cicadas）。它们分为两种类型：13年周期和17年周期。对应不同的类型，它们的若虫会被埋在泥土之下，吮吸树根的汁液，长达13年或者17年。

当它们的成长期结束时，同一区域，也就是同一窝的蝉突然从地下全数涌出，爬上树或者灌木，在那里它们变成可以飞行的成虫。在短短的几周内，它们以树汁为食，找到一名配偶进行交尾，在树上产卵，然后死亡。当卵孵化后，新生的若虫又要在地下藏身13年或者17年！

13与17均为质数，这意味着这两种不同类型的蝉很少会在同一时间出现。因此，它们只能遇到同类蝉进行交尾。两种类型的蝉也不需要为食物而竞争。

3秒钟总结

周期蝉以及其他许多昆虫作为幼虫生活的时间要长于成虫。

3分钟任务

找出质数

科学家注意到，周期蝉的周期数13和17均为质数。一个质数只能被1和它本身整除。

在纸上写下你能在1至30之间找到的所有质数。请记住，1不属于质数。

你能找到多少个？

（答案在78页）

有些昆虫的生命周期非常长。17年周期蝉的若虫花费17的时间待在地下

关怀备至的父母

30秒大揭秘

群居昆虫，例如蚂蚁、蜜蜂、白蚁会照顾并且喂养后代，直到它们长大。但是幼虫的父母——例如蜂王和它的配偶，并不会亲自照料，这些工作是由工蜂完成的。

大部分昆虫并不会照料后代。它们只是把卵产在选中的地点，然后离开。当幼虫或者若虫孵化出来后，它们不得不自谋生路，自己觅食。

但是有一些昆虫，诸如普通的蠼螋，会照料它们的幼虫。在秋季交尾后，一对蠼螋会在土里挖洞，然后雄虫离开，雌虫产下大约50颗卵。整个冬季，雌虫都会待在巢穴里，保护那些卵，并且确保它们处在合适的温度下，像鸟类一样伏在虫卵上孵化。

当春天来临，若虫从卵中孵出时，雌虫保护它们远离天敌——例如甲虫，并且为它们寻找食物。若虫经历两次蜕皮后，便会离开巢穴，开始自力更生。

蠼螋可能会藏在管道里，但是极少会出现在人的耳朵里，尽管它的英文名称是“earwig”（耳虫）。它们习惯夜行，喜欢待在室外，以植物或者它们能找到的所有小昆虫为食。

3秒钟总结

大部分昆虫并不会照料它们的后代，但是群居昆虫和某些独居昆虫——例如蠼螋——则截然相反。

3分钟任务

耳朵在哪里？

下次你看到一只蠼螋时，用放大镜仔细观察它，或者直接观察本书下一页蠼螋的图片。你能找到蠼螋的耳朵吗？蠼螋之所以被称为“耳虫”，大概是因为它们的翅膀完全展开时，看起来像一对耳朵。

雌性蠼螋与配偶交尾后，会挖一个巢穴，然后产卵，确保卵的安全；待卵孵化后，雌虫还会保护和喂养若虫

雄虫与雌虫在秋季相遇、交尾

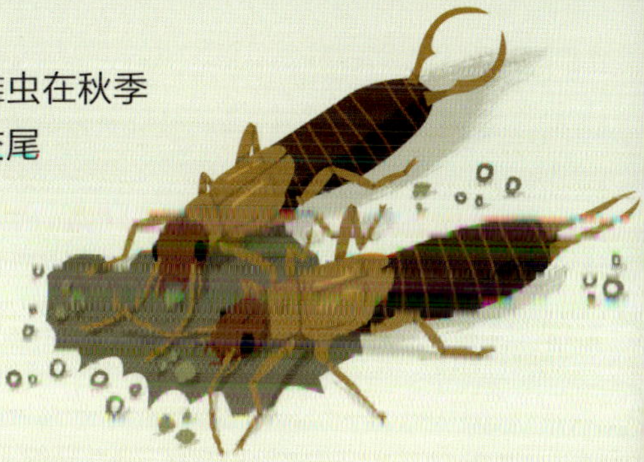

蠼螋在土里挖出一个洞，作为巢穴

虫卵很小，呈白色椭圆形

雌虫将虫卵翻转过来，保持卵面的清洁

若虫看起来就像缩小版的成虫

当卵开始孵化时，雌虫会爬出洞穴，为若虫留出更多的空间

它们的成长需要经历四个不同的阶段，每次都会蜕皮

第二次蜕皮后，新一代蠼螋离开洞穴，独自生存

昆虫的食物

昆虫可以在各种各样的地方生存、繁衍，也能以多种多样的东西为食，包括植物的叶子、果实或者花朵，其他昆虫和小型动物，以及人类吃剩的食物。它们还能在比自己的体形大很多倍的动物身上找到食物——吸它们的血，在它们死后啃食尸体，甚至是吃它们的排泄物！一些昆虫，比如蜣螂，偏爱一种食物，而另一些昆虫，比如蟑螂，则会吃它们所能找到的任何东西。

食草昆虫

30秒大揭秘

昆虫可以啃食许许多多的植物！尽管并非所有昆虫都是食草昆虫，但是那些食草昆虫通常会成群结队大面积地消耗植物，将它们啃食一光。

一群饥肠辘辘的蝗虫，可能数以亿计。它们像一片乌云落到农田，将每一株农作物——例如玉米——都啃食干净。白蚁取食木质纤维，尤其是枯木。这可以是一棵倒下的树，也可以是房屋中的建筑木材。有时候白蚁的侵蚀甚至会导致房屋倒塌！

小小的蚜虫通过吸管状的口器刺穿植物的叶子或者茎，吮吸其中含糖的汁液，损害或者毁坏许多植物。蝴蝶和飞蛾在它们最喜欢吃的植物上产卵。当卵孵化成幼虫时，“毛毛虫军团”会吃掉它们所能找到的每一片叶子，来让自己长大。

当然，有些植物想要吸引昆虫。它们在花朵里制造花蜜来吸引蜜蜂和蝴蝶。这些昆虫以花蜜为食，而不会伤害花朵。与此同时，昆虫将植物的花粉从一朵花传播到另一朵，帮助授粉。

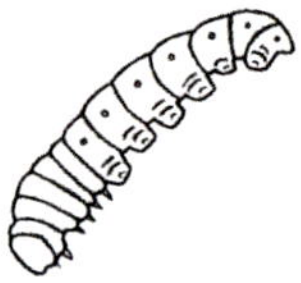

3秒钟总结

一些食草昆虫会消灭大片植物，但是有一些却是有益的。

小知识

蚂蚁树

在中美洲，金合欢蚂蚁生活在大棵金合欢树中空的刺中。它们会叮咬和攻击以金合欢树为食的动物，清空它周围的其他植物，通过这种方式来帮助它。作为回报，树会在叶子的底部产生花蜜，以及在叶子尖端长出许多小小的、像种子一般的蚂蚁食物。两个物种共同生活、互帮互助，这叫作共生。

一群饥肠辘辘的蝗虫落在一株玉米上，不一会儿，这株玉米就变得光秃秃的了

沙漠蝗虫有一部分时间是独自生活的，但是在雨后，它们会聚集在一起形成大蝗虫群

蝗虫长有尖锐锋利的颚，它看起来像剪刀，有助于蝗虫啃咬和咀嚼食物

一大群蝗虫每天消耗的食物可以喂养一整个城市的人类！

每只蝗虫一天能吃掉相当于自己身体重量的食物，也就是20克

凶猛的猎手

30秒大揭秘

昆虫的体形都很小——即使最大的也没有一根香蕉重！然而在它们的世界里，肉食性昆虫可能像鳄鱼、老虎、鲨鱼对人类而言那般凶猛与致命。

蜻蜓和食虫虻在空中飞来飞去，追逐和捕捉它们的猎物。在飞行速度上，它们胜过蜜蜂、蝴蝶、蚊子和其他大部分昆虫。还有一些肉食性昆虫会躲藏起来，等它们的猎物经过时，便猛然发起攻击。螳螂会安静地等待着，看起来与植物浑然一体。然后它骤然伸出前肢，一把抓住猎物。蚁狮幼虫在沙地中挖洞，在洞里等待蚂蚁掉进来，随后用尖利的颚捉住它们。

猎蝽没有发达的颚，但是有锋利尖锐、长得像针的口器。猎蝽通过它刺穿昆虫坚硬的外骨骼，注入可以溶解猎物器官的化学物质，之后猎蝽便可不慌不忙地吮吸变成液体状的食物了。

食蛛鹰蜂更是可怕。雌虫会叮咬比自己大得多的狼蛛，通过毒液使它动弹不得，接着便把它拖回自己的巢穴，在它上面产卵。当卵孵化时，幼虫钻进狼蛛体内，将它活生生地吃掉！

3秒钟总结

凶猛的肉食性昆虫用抓、咬、蜇、刺等方式捕捉猎物。

小知识

昆虫界的鳄鱼

瓢虫的幼虫是骇人的捕猎者，它们在植物的茎秆附近潜行，吞噬蚜虫——它们最喜欢的食物。它们有时被称为“昆虫界的鳄鱼”，体长大约1厘米，外形像两端尖的腊肠。它们身上有黑色、橙色、黄色或者绿色的斑点。你可以在夏季看到它们。要想找到它们，你需要用一根小棍子轻轻掀起植物的叶子，仔细看看叶子背面。千万不要用手触碰——它们会咬人的！

在你周围，昆虫忙着捕获它们的食物——通常是其他昆虫

猎蝽正在刺穿它的猎物——一只不幸的毛毛虫

这只小苍蝇即将被体形更大、飞行速度更快的蜻蜓捉住

螳螂用前肢紧紧抓住一只蟋蟀，然后大口咀嚼

一只雌性食蛛鹰蜂在攻击一只体形巨大的狼蛛——通过叮咬它柔软的下腹

食蛛鹰蜂会将动弹不得的狼蛛拖入它的巢穴，然后在上面产卵，狼蛛会成为它的幼虫的食物

食腐昆虫

30秒大揭秘

蟑螂、蠼螋和许多种类的蚂蚁是食腐昆虫。它们以死亡的植物、动物或者其他动物吃剩下的食物为食。

很久以前，人们认为苍蝇是从死尸里长出来的，因为它们经常出现在死去的动物的残骸上。事实上，这是因为苍蝇在动物的尸体里面或者表面产卵。当卵孵化时，幼虫，也就是蝇蛆，取食腐肉，直到它们变为成虫。

如果你在堆肥桶里放满香蕉皮和苹果核，同样的事情也会发生。果蝇在腐烂的水果上产卵。几天以后，桶里便会爬满了新孵化的果蝇。

有一种甲虫被称为“埋葬虫”，它们四处寻觅死亡的动物，例如一只老鼠或者一只鸟，然后在它下面挖一个洞，将它掩埋起来。雄虫和雌虫在洞中居住，雌虫在死尸上产卵。当幼虫从卵中孵化出来，尸体便是它们的食物。

这些昆虫的饮食习惯可能会让人感到恶心，但实际上，它们发挥着举足轻重的作用。它们清除和处理死亡的生物，阻止尸体堆积和病毒的传播。

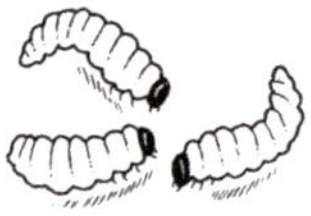

3秒钟总结

食腐昆虫以死亡的动物、动物吃剩下的食物和腐烂的植物为食。

小知识

医用蛆

医生会在医院里使用蛆虫！因为蛆虫喜欢啃食腐肉，所以它们可以被用来清理身体上某部分已经死亡并且开始腐烂的伤口和损伤，比如冻伤。一旦蛆虫清理掉已经死亡的那部分，尚有活力的那部分就更容易愈合了。（医用蛆是专门通过干净和安全的方式培育的，不是从垃圾箱或死去的动物身上收集的！）

“埋葬虫”可以在几百米以外就嗅到腐烂的动物尸体的气味

食腐昆虫吃已经死亡和腐烂的东西。“埋葬虫”便是通过这种令人毛骨悚然的方式为自己的孩子准备美味的食物

几对“埋葬虫”夫妇会在动物残骸上打架，直到其中一对胜出

如果必要，胜出的那对夫妇滚动着尸体前往一个合适的地点。它们把尸体卷成球状，并且在上面覆盖一层黏性物质，从而减轻尸体的臭味，不让其他食腐昆虫发现它

“埋葬虫”在动物尸体下面挖洞，让它沉到地下

雌虫在动物残骸上产卵。当幼虫从卵中孵出时，成虫通过咀嚼腐肉再反刍的方式喂养幼虫

养殖

30秒大揭秘

除了人类以外，只有几种动物能养殖其他东西。这些动物包括部分鱼类、蜗牛、螃蟹和部分昆虫。

切叶蚁会在自己的巢穴里养殖真菌，一些白蚁也会如此。在白蚁那外形像塔的巢穴里，长着特殊的“真菌花园”。白蚁的巢穴由一堆嚼碎的木头和植物以及它们自己的粪便建造而成，它们在里面种植真菌作为食物。

粉蠹虫也会养殖真菌。它们在树木中钻出一条通道，然后把极小的、特殊的真菌孢子带到树木里面。真菌在通道中成长，为粉蠹虫和它的幼虫提供食物。

有些蚁类，例如黄毛蚁和黑蚁，会养殖其他昆虫。它们养殖一群食草蚜虫，在蚜虫进食时在一旁守卫，提供保护。蚂蚁会用触角敲击蚜虫，促使它们释放一种甜蜜物质，即蜜露，蚂蚁便以此为食。

另一种蚂蚁在树皮下的巢穴中养殖介壳虫，却不是为了蜜露，科学家认为这种蚂蚁可能直接以介壳虫为食。

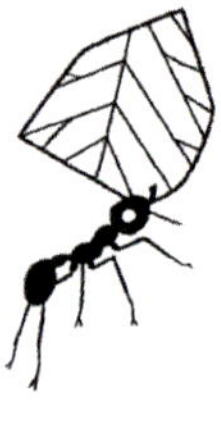

3分钟任务

追踪蚂蚁中的“农民”

通过仔细观察蚜虫喜欢吃的植物，寻找蚂蚁养殖蚜虫的踪迹。这些植物包括：

- 玫瑰（小心花刺）、金银花、郁金香
- 豌豆和其他豆类植物、大丽花、旱金莲

在植物的茎或者叶上寻找有大只蚂蚁在一旁守卫的绿色或黑色的蚜虫。如果幸运的话，你可能会看到蚂蚁试图赶跑蚜虫的天敌——例如瓢虫——的场景。

3秒钟总结

一些蚂蚁靠养殖植物或者动物来为自己提供食物。

这些蚂蚁、甲虫和白蚁就像昆虫界的农民，通过照料动物、植物或者真菌获取食物

这些黑蚁正在叶子上“放牧”，守卫绿色的蚜虫

蚂蚁在蚜虫四周护卫，甚至会将它们带到更好的地点进食

这只蚂蚁正在“挤奶”——从蚜虫那儿获取蜜露

蜜露实际上是蚜虫的粪便

这只蚂蚁正在释放化学物质，使蚜虫变得平静而迟缓

粉蠹虫照料它们在树木的通道中种植的真菌

白蚁在巢穴深处的“真菌花园”养殖真菌

食粪昆虫

30秒大揭秘

几乎任何东西都能成为某一种昆虫的食物——即便是粪便！食粪昆虫包括蟑螂、苍蝇、部分种类的蚂蚁和蝴蝶。它们从粪便里的细菌中获取需要的营养，或者从其他动物吃过但是没有完全消化的残渣中获取。

蜣螂是食粪昆虫界的冠军。蜣螂有成千上万个品种，并且遍布全世界，它们的主要食物是奶牛、水牛和大象等大型哺乳动物的粪便。

甲虫通过对气味的敏锐感知力寻找粪便。有一些甲虫甚至会直接在粪便中产卵，还有一些把粪便团成球状，再挖一个洞，把粪球滚进去。之后它们可以把粪球当作食品仓，或者在里面产卵，当幼虫从卵中孵出时，便有现成的食物可吃。

白蚁甚至会吃彼此的粪便！这是因为，要想消化所吃的木头，它们内脏中需要一种特殊的细菌，而这种细菌只能通过吃其他白蚁的粪便获取。

3分钟任务

制作一只圣甲虫

古埃及人相信蜣螂是神圣的，他们经常会雕刻一些蜣螂的模型或者吊坠，称之为“圣甲虫”。

你需要：自干型黏土模型和塑料刀或者剪刀

1. 制作一个扁平的底座和圆形的顶部，做成甲虫的形状。

2. 在顶部刻出翅膀和眼睛，在底部刻上自己的姓名。如果你想要一个吊坠，那就在上面打一个小孔。然后晾干它。

3秒钟总结

许多昆虫以粪便为食，尤其是蜣螂！

在一个明亮的夜晚，蜣螂外出寻找粪便！
蜣螂嗅到了一堆新鲜的粪便——美味！
蜣螂将粪便团成一个球，准备把它滚向目的地
有时候两只蜣螂会为了最好吃的那口粪便而大打出手
这只蜣螂爬到粪球的顶部，以便有个好视野去看清天空和它的行走路线
这只蜣螂利用太阳、月亮或者星星的指引呈直线移动，远离粪堆以及其他蜣螂
它成功地将粪球藏到了安全的洞穴中，可以在上面产卵了

伪装

30秒大揭秘

除了进食，大部分昆虫还必须学会自保，不被其他动物吃掉。昆虫是其他许多动物的食物，包括其他昆虫、蜘蛛、蜥蜴、鸟、鱼、青蛙、鼩鼱、黑猩猩和食蚁兽。

不被天敌发现的不二法门是不被轻易看到，因此许多昆虫有着独特的颜色、花纹和形状，帮助它们与周围环境融为一体或者模仿一个不那么美味的物体，比如枯树叶或者木棍。当你在一片森林中行走时，可能从来没有注意到，许多树叶、小树枝和木棍其实是活着的昆虫，例如叶虫、竹节虫、枯叶蝶和纺织娘。

角蝉背后有角，看起来就像一根刺，与它们取食的植物身上的刺如出一辙。巨型燕尾蝶的幼虫伪装成一坨恶心的鸟类粪便！一些昆虫，例如沙地蚱蜢和斑点蛾，身上的斑点和颜色与居住地的样貌一模一样，看起来就像沙地或者树干。

捕猎昆虫可能也需要伪装。花螳螂坐在一株开花的植物上，假装是一朵花，当猎物靠得足够近时便一下捉住它们。

3秒钟总结

许多昆虫使用伪装来躲避天敌或者捕捉猎物。

3分钟任务

设计一只伪装的昆虫

你需要：彩色笔或者铅笔、纸和剪刀

找到某个表面有图案或花纹的东西，例如一截木地板、一件羊毛毛衣或者一块有花纹的地毯。然后画一只飞蛾或甲虫，涂上伪装的颜色或者花纹。完成之后，把它放到那个有图案或花纹的东西上面，看看隐藏的效果如何。

学会伪装能够使昆虫不被天敌发现。你能在图中找出隐藏的8只昆虫吗？

从人类身上获取食物！

30秒大揭秘

许多昆虫最喜欢的食物不是植物、真菌或者其他昆虫，而是你！或者至少是咬你一口——通常是吸一口你的血。

蚊子因吸血的习性而出名，其实，它们主要吸食花蜜和树液。只有雌蚊在准备产卵期间才会吸食血液。首先，它能极敏锐地感知你的呼吸与汗液的气味；然后，它会用针状的口器刺穿你的皮肤，吮吸足够的血液来补充能量。

蠓、黑蝇和马蝇也会吸血，通常会留下疼痛或者发痒的小点，但它们只在饥肠辘辘时找上我们！头虱则不同，它们就住在我们头上，躲在头发之间，用爪子紧紧抓住我们的头皮。一天当中有好几次，它们会咬破我们的头皮吮吸血液。

更糟糕的是，有些昆虫，比如人肤蝇和嗜人瘤蝇，会钻到皮肤下面。它们的幼虫进入人体内，在成长期靠人肉为食。值得庆幸的是，它最终会从皮肤中掉出，在其他地方度过余生。

3分钟任务

吃掉它们！

昆虫也有可能成为人类喜爱的食物。将左侧这些蠕动的零食与右侧它们大受欢迎的国度连线：

蠓虫汉堡	日本
莫帕尼毛毛虫（一种飞蛾的幼虫）	澳大利亚
彝斯咖魔（蚂蚁的幼虫）	博茨瓦纳
佃煮昆虫（炸蚱蜢）	乌干达
亚澳白裙夜蛾	墨西哥

（答案在78页）

3秒钟总结

一些苍蝇和虱子以人类的血液为食，或者寄居在人体内。

小心提防——这类饥饿的昆虫可正把你当成小点心

头虱喜欢住在头发浓密的脑袋上。它们使用尖锐的口器咬破你的头皮，吮吸血液

当吸血蠓咬你时，你可能毫无察觉，但过一会儿你的皮肤就会奇痒无比

像这种人肤蝇的幼虫可以在你的皮肤下生存

蚊子喜欢用口器刺入你的皮肤，吸饱一肚子的血

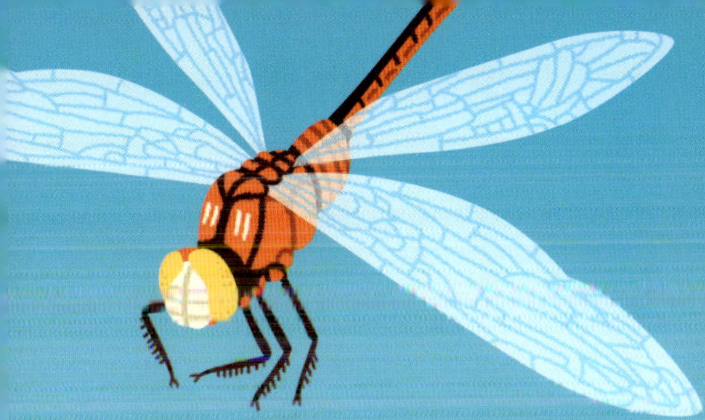

昆虫的巢穴

当你看到一只蜜蜂、黄蜂、甲虫或者蝴蝶四处飞舞时，你会好奇它们是否有家可归吗？并不是所有的昆虫都拥有自己的巢穴——一些昆虫只是四处游荡、寻找食物，然后在筋疲力尽的时候休息。但是许多昆虫都是技巧娴熟的“建筑师”，在地下或树干里挖掘出容身之所，或者用树枝、蜡、泥土及叶子建造巢穴。还有一些昆虫会住进人类的房屋来让自己过得更轻松。

住在植物上

30秒大揭秘

任何一个公园、花园或者森林都布满了昆虫——植物为它们提供了食物和藏身之所，一些昆虫甚至在植物内部筑巢。

橡子象甲和榕小蜂之类的昆虫会在水果、坚果或者刚刚开始成长的花蕾中产卵。这给幼虫提供了食物，也让它们免受天气和天敌的威胁。潜叶虫是飞蛾或其他昆虫的幼虫，它们体形极小，居住在叶子里面。

某些昆虫能够在树干或者实木中钻洞。钻木类甲虫，例如白蜡树蛀虫，在树皮的缝隙或空洞中产卵。幼虫孵化后，一路啃咬，以树的内皮为食。

雌性树蜂有一个产卵器——长在尾部，形状似耙。雌蜂把它刺入树中，然后在树皮下产卵。姬蜂则能感知树蜂幼虫在树皮下的细微移动，然后用它自己的产卵器刺穿树皮，在树蜂幼虫上产卵。在姬蜂幼虫成长期间，树蜂幼虫便成了它们的食物。

3秒钟总结

一些昆虫住在植物内部，尤其是它们的幼虫。

小知识

昆虫的力量

一只小小的昆虫怎么能用尾部刺穿坚硬的树木呢？尾部的产卵器由两部分组成，互相推动，所以它们不需要花很大力气。某些昆虫的产卵器尖端会释放化学物质，帮助溶解树木。科学家发现一些姬蜂的产卵器末端存在金属物质，帮助产卵器“所向披靡”。

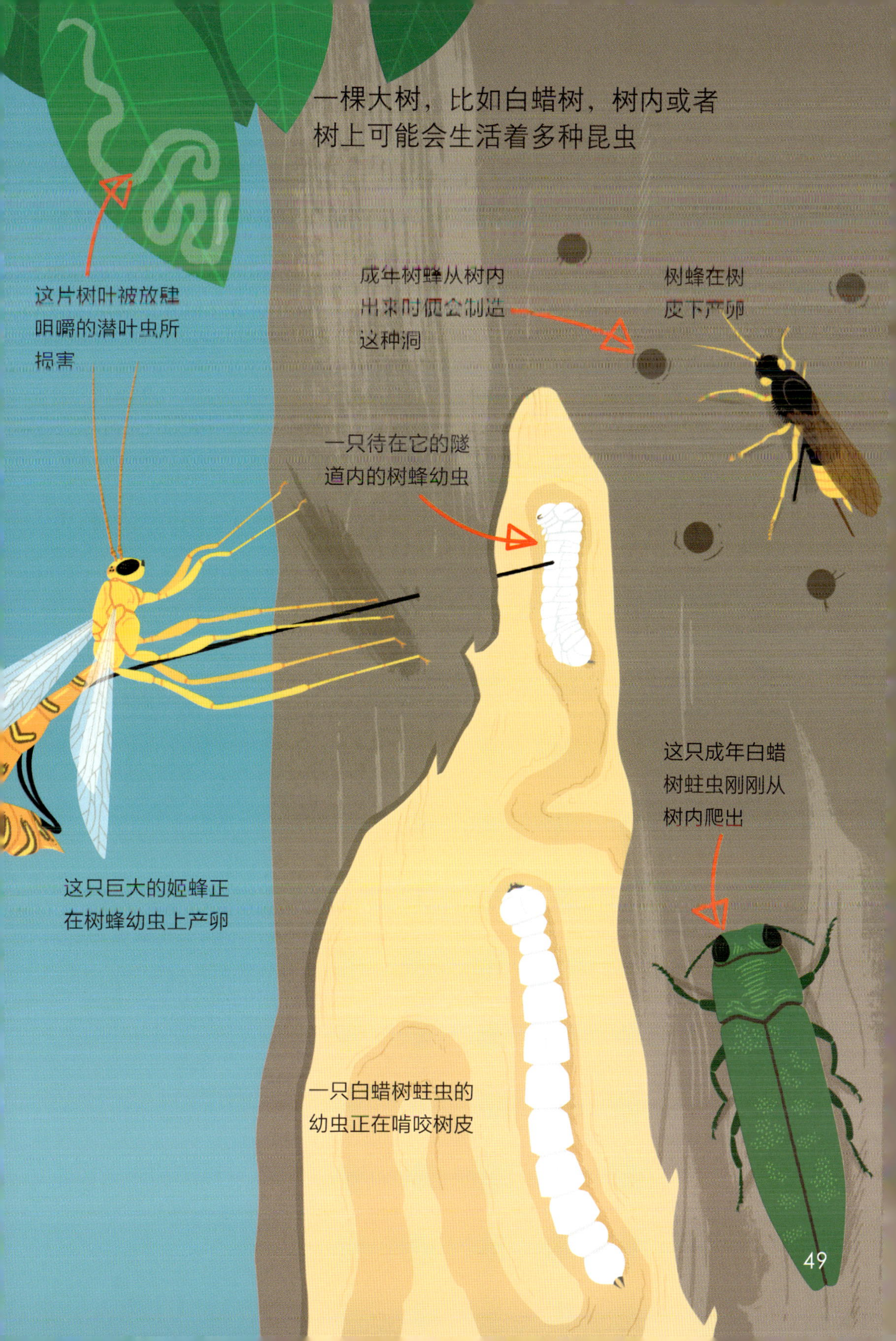
一棵大树，比如白蜡树，树内或者树上可能会生活着多种昆虫
这片树叶被放肆咀嚼的潜叶虫所损害
成年树蜂从树内出来时便会制造这种洞
树蜂在树皮下产卵
一只待在它的隧道内的树蜂幼虫
这只巨大的姬蜂正在树蜂幼虫上产卵
这只成年白蜡树蛀虫刚刚从树内爬出
一只白蜡树蛀虫的幼虫正在啃咬树皮

住在地下

30秒大揭秘

在你的脚下生活着不计其数的昆虫。在土壤、沙子或者泥地下面，昆虫挖出洞穴、隧道，用来储藏食物或者卵，让它们的幼虫在这里成长。

蚂蚁和白蚁都因它们在地下的巨大巢穴而赫赫有名。台湾白蚁能挖出网状的隧道和小室。为了靠近好的木材地，整个蚁穴最长可达100米。科学家曾经在巴西发掘出一种古老的切叶蚁的巢穴，空间大得堪比人类的房屋。

蝼蛄因像鼹鼠一样在地下挖出通道而得名。这种矮胖的昆虫长有强有力的前肢，可以轻而易举地挖出洞穴；巨大的头部有助于推开泥土。当它们在地下挖隧道时，以植物的根或者其他昆虫为食。

木蠹蛾幼虫，一种飞蛾的幼虫，居住在澳大利亚沙漠的灌木丛根部的地洞中。在长达两年时间里，它们以灌木根部为食，能长至10厘米长。

住得离地表最远的，是居住在地下溶洞中的昆虫，比如溶洞甲虫和溶洞蟋蟀。一般而言，它们的视力较差，甚至没有眼睛，因为它们居住的环境中没有多少光亮可以看到。不过，它们有极其长且敏感的触角来感知四周的环境。

3秒钟总结

许多昆虫生活在地下或洞穴里。

3分钟任务

蜜蜂旅馆

一些蜜蜂，例如大黄蜂和小蜜蜂，在泥土中、墙上的洞穴中或者建筑物下面筑巢。如果你有一座花园，你可以把旧花瓶放在安静隐蔽的角落，这样能为蜜蜂提供更多可以筑巢的地方。试着把一些花瓶倒放，另外一些放点儿泥土在里面，观察下。

地下有什么呢？地下不仅有泥土，还有很多昆虫的巢穴

蝼蛄生活在网状的地下隧道中

在一个高高的白蚁塔内，巢室和隧道密布的巨大的空间网延伸到地下

雌蝼蛄在一个独特的“保育室”内产卵

溶洞中的食物较少，溶洞蟋蟀以其他小型的爬行昆虫或者霉菌为食

在白蚁塔内部和下面，居住着数以万计的、有时甚至是没有视力的小型白蚁

建造巢穴

30秒大揭秘

与人类相似的是，许多昆虫利用周边的材料来建造巢穴。与人类不同的是，有些昆虫可以自己生产建筑材料！

擅长构筑土墩的白蚁用泥土、粪便和唾液的混合物建造高高的塔状蚁穴。普通的黄蜂通过口器刮下树木的表层，混进唾液，然后将纸浆吐出，用它建造六边形的巢室。

织布蚁把树叶编织在一起建造巢穴。它们的幼虫会分泌黏稠的丝，这种丝能将树叶粘在一起。蜜蜂腹部下面的蜡腺会分泌薄薄的蜂蜡，蜜蜂便是用它来建造六边形的蜂巢。独居的昆虫也能建造巢穴。雌性陶工黄蜂会用泥土建造一个看起来像小小陶罐的巢穴。

有一类昆虫甚至有办法“诱骗”植物为它们筑巢。瘿蜂及其他瘿虫会释放一种化学物质，促使植物加速生长，并且形成凸起，之后它们便能居住在里面或者产卵。

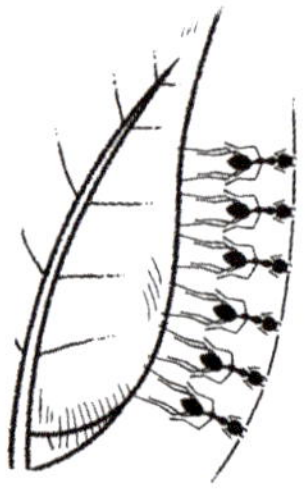

3秒钟总结

昆虫是技巧娴熟的建筑师，它们能将诸多材料建造成巢穴，有的材料甚至出自它们自身。

3分钟任务

观察瘿瘤

在离你最近的公园或者上学路上，仔细寻找树木上昆虫造成的瘿瘤。你可能会看到：

叶瘿：叶子表面圆圆的、凸出的或者看起来蓬松的小结块。

枝瘿：树枝四周圆圆的、凸出的小结块。

所有这些令人惊叹的结构，都是由昆虫就地取材建造而成的

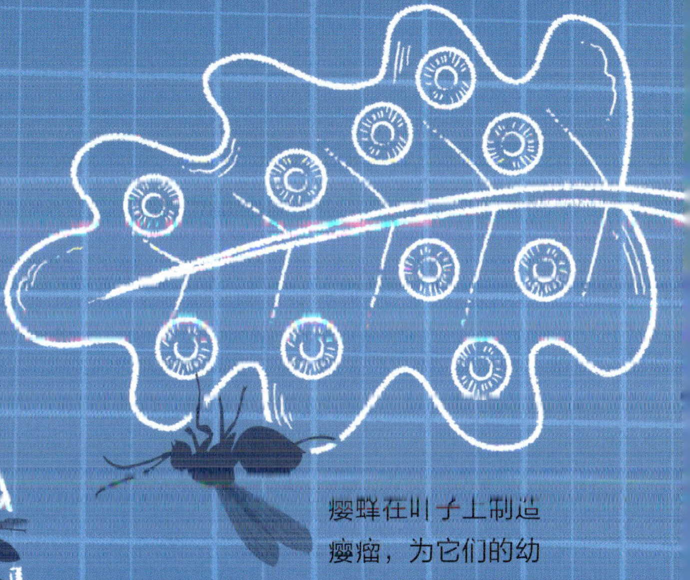

瘿蜂在叶子上制造瘿瘤，为它们的幼虫提供安身之所

黄蜂的精致圆形巢穴由咀嚼树木而产生的纸浆造成

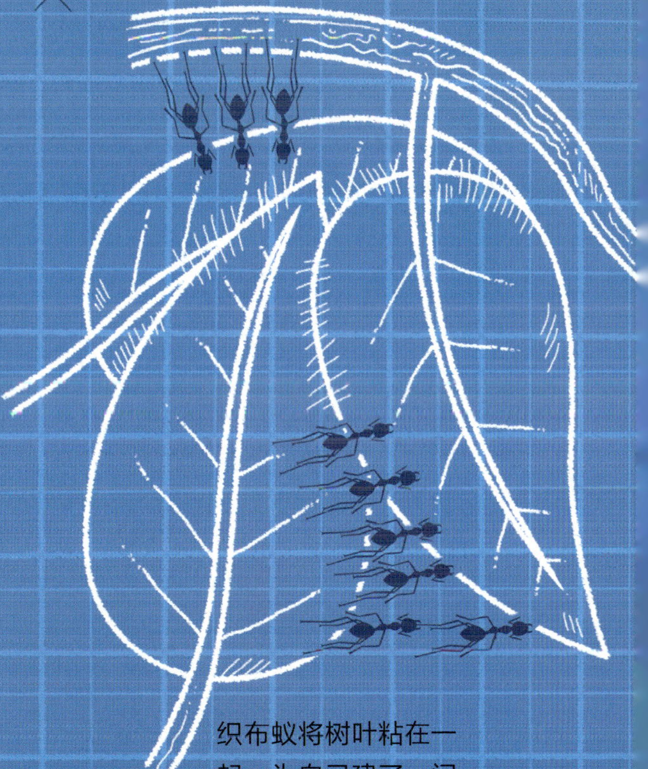

织布蚁将树叶粘在一起，为自己建了一间舒适的房子

一只独居的陶工黄蜂为了自己的后代，用泥土建造了一个陶罐形状的小巢穴

水生昆虫

30秒大揭秘

池塘、湖泊、溪流和江河是水生昆虫的家。有时要想发现这些小生物并非易事，可能需要你仔细观察。

水黾和水甲虫在水面窜来窜去，利用水面的张力支撑自己。它们捕食不慎落水的飞行类昆虫或者已经死亡掉落水中的昆虫。

松藻虫在水面游动时，使用长长的后腿像桨一样划动。潜水甲虫深潜入水下时，会携带一个气泡，因此能够呼吸。它们捕食蝌蚪，甚至是小鱼。

蜻蜓、石蝇和石蚕蛾的幼虫是生活在水下的。它们通过鳃吸取水中的氧气。一旦它们长得足够大了，就会从水中爬出，成为可以飞行的成虫。

其他水生动物，比如鳟鱼、三文鱼和青蛙，喜欢捕食水生昆虫。有些飞行类昆虫会快速上升来逃离危险，有些则用凶猛的颚赶跑敌人。

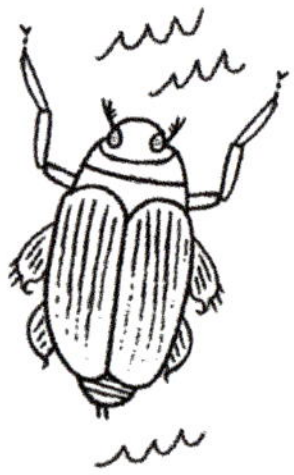

3秒钟总结

许多昆虫生活在水面或者水下，尤其是幼虫时期。

3分钟任务

表面张力

你需要准备：一碗水、一根针或者回形针和一张厨房用纸

将一根针或者一个回形针放在一小片厨房用纸上，然后轻轻地放到水面上。它会漂浮在水面。如果你搅动水，针或者回形针就会下沉。

几乎没有昆虫居住在海里。大部分水生昆虫都生活在淡水中，就像这个池塘

借住的客人

30秒大揭秘

因为人类居住在房屋里，所以许许多多的昆虫决定借用人类温暖舒适的家。

一开始我们在橱柜里储存各种食物，“邀请”蚂蚁、蟑螂和面象虫来做客。家蝇喜欢停留在被四处乱扔的食物上，以此为食，并且喜欢在我们的垃圾桶里产卵。

一些昆虫不喜欢我们的食物，反倒喜欢我们的物品。衣蛾会在羊毛和丝绸等天然纤维制成的衣服或地毯上产卵。当幼虫孵出时，它们会啃食纤维，在衣服上留下恼人的小洞。胖乎乎、毛茸茸的地毯甲虫的幼虫则会大口咀嚼我们的地毯和毛毯。纸虱甚至会啃咬老书。

衣鱼喜欢居住在潮湿的地方，所以你可能曾在浴室看到过。它们吃霉菌、头皮屑和死皮。一个人类的住所可能也会有寄居在宠物狗或猫身上的跳蚤，以及床虱。床虱可能藏在被褥或者床架中，到了晚上便溜出来吸食睡在这张床上的人的血！

3秒钟总结

昆虫能在人类的家中找到食物，以及遮风避雨的地方。

3分钟任务

拍摄苍蝇

制作一个可以拍摄苍蝇的摄像机并且拍下进食中的苍蝇！
你需要：可以摄像的手机、吃剩的食物和一个浅口容器
1. 将一个吃剩的三明治、香蕉或者蛋糕放在容器里。
2. 将手机斜靠在容器边上，确保食物在拍摄镜头内。
3. 开启手机的摄像功能并且离开房间！

你家里不一定居住着以下所有昆虫，
但是，如果你知道在哪里可以找到
它们的话，你肯定会看到一些

毛茸茸的地毯甲虫的幼虫啃食毛毯和地毯的纤维

衣鱼潜伏在洗漱台下面，等待掉落的皮屑或头皮屑

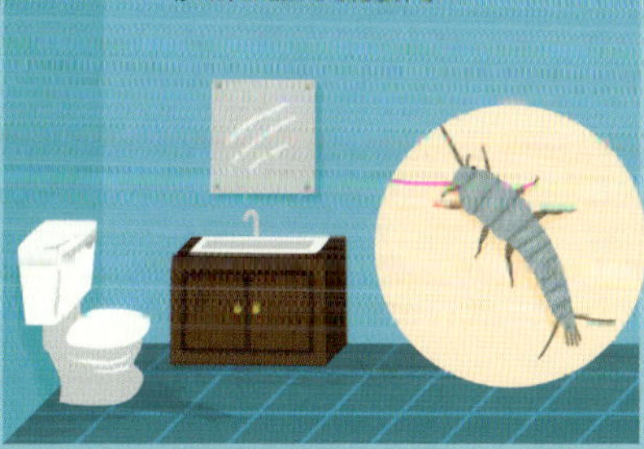

这只宠物猫感到很痒，这是由于生活在它皮毛中的跳蚤的缘故

家蝇会在它们吃的食物上散播细菌，日的是让食物软化。它们通常也会在上面排泄

这件挂在钩子上的大衣的领子下面躲藏着衣蛾幼虫

蟑螂可以生活在厨房的橱柜下面。它们在夜间出来寻找面包屑和掉落的食物

群居

人类在城镇、城市和乡村聚居，分工协作，共享资源，并且在必要时互相照顾。有些昆虫同样如此。对蚂蚁这一类小型的昆虫个体来说，群居是一种获得安全、住所和稳定食物来源的良好方式。反过来，每一个个体应该做好自己的工作，保证整个社群团结一致，共同抵御外敌。

群居昆虫

30秒大揭秘

以家族或群体的形式聚居在一起的昆虫被称为“群居昆虫”。蚂蚁、白蚁，以及蜜蜂和黄蜂的一些品种都属于群居昆虫。群居昆虫分布广泛且数量巨大。事实上，在我们这个星球上，群居昆虫的数量远多于其他种类的昆虫。某些品种的群居昆虫甚至是以数百万的数量聚居在一起。

群居昆虫不仅住在一起，而且一起工作。例如，建造巢穴这种一只昆虫不能完成的工作，它们就会一起完成。它们也会分工协作，轮流完成寻找食物和照顾幼虫的任务。

大部分群居昆虫都有女王。它的体形通常比其他同类要大，毕生都承担着产卵、繁殖后代的任务。其他成员则会用生命来保护它们的群体和女王。一只蚂蚁或蜜蜂可能会在与危险抗争时丧生，但一个群体的力量则大得多，往往能让它们生存下来。

一些科学家将群居昆虫形容为一个生物体，只不过由许多独立的部分构成。这些部分能够单独行动，却总是本能地表现得像一个完整的个体。因此，群居昆虫有时候被称作“超个体”。

3秒钟总结

群居昆虫以群体的形式聚居在一起。它们分工协作，齐心协力，维持整个群体的生存。

3分钟任务

合作

体验一下，成为群体的一员是什么感觉。找一些朋友，一起完成一个任务，可以是用乐高玩具建造一座房子，或者用彩色的珠子或扣子制作一幅图画。请牢记，像昆虫一样没有任何语言交流！

你们会如何与对方交流、制订计划和分工呢？

通过合作，这群蚂蚁能够捕捉比自己大许多的猎物，并且拖拉回家

这群蚂蚁包围了一只不幸的千足虫

一些蚂蚁在拉千足虫

另一些蚂蚁在另一头推

越来越多的蚂蚁聚集在一起，形成了像一朵朵小菊花构成的长链，就像人类的拔河比赛，汇聚成了更大的拉力

蚂蚁最终会一起将笨重的千足虫拉回巢穴

蚁群

30秒大揭秘

世界上最大的群体是由蚂蚁构成的。一个行军蚁群可能包含超过2 000万只蚂蚁——近乎人类世界中最大的城市的人口数量。

与其他群居昆虫一样，一个群体中，不同的蚂蚁发挥着不同的作用。整个群体由蚁后领导，蚁后的主要职能是产卵，并且通过化学信号控制其他蚂蚁。一些群体甚至有多个蚁后。

成千上万的工蚁负责完成所有保证群体存活下来的工作，例如照看蚁卵及幼蚁、寻找食物和建造蚁穴。在一些群体中，凶猛的兵蚁用巨大的颚击退敌人。还有一些雄蚁负责与蚁后交尾，发展新的蚁群。在蚁群中，只有蚁后和负责交尾的雄蚁拥有翅膀。

很多种类的蚂蚁在泥土中建造带有许多通道和巢室的蚁穴，还有一些会在沙子、木料、树枝或树叶，或者植物根部中筑穴。行军蚁甚至会聚集在一起，用自己的身体搭建临时巢穴，为蚁后创造一个安全的空间。

3秒钟总结

蚁群是由成千上万的、生活在一起的蚂蚁构成的。

小知识

超级蚁群！

科学家已经发现，有一种“阿根廷蚂蚁”可以形成跨越多个巢穴的蚁群。像这种超级蚁群可能会有数以千计的蚁后和数百万的工蚁。来自不同蚁群的蚂蚁通常会互相攻击，但是超级蚁群中的蚂蚁能通过它们的蚁群气味互相识别，从而友好相处。

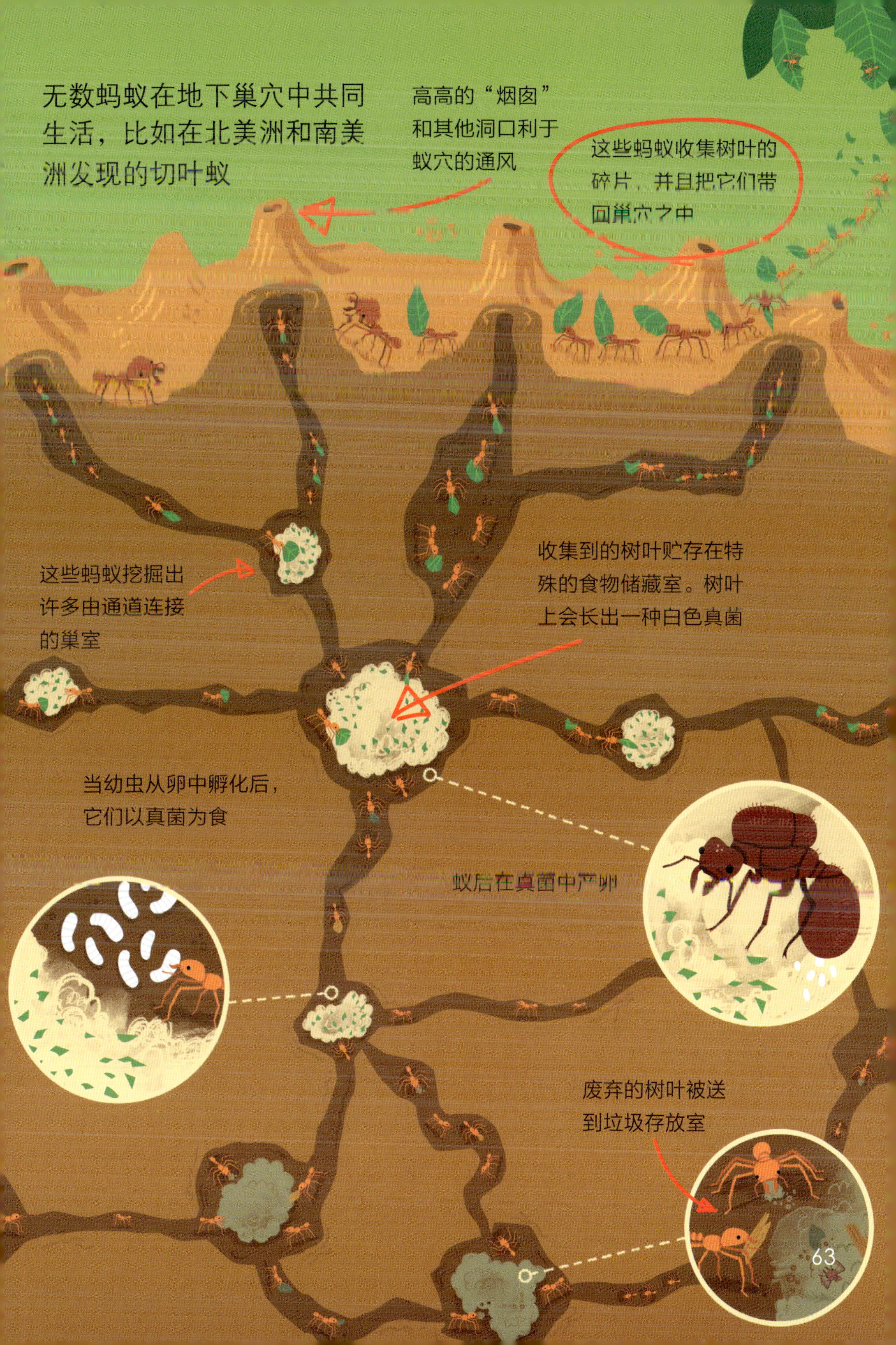
无数蚂蚁在地下巢穴中共同生活，比如在北美洲和南美洲发现的切叶蚁
高高的“烟囱”和其他洞口利于蚁穴的通风
这些蚂蚁收集树叶的碎片，并且把它们带回巢穴之中
这些蚂蚁挖掘出许多由通道连接的巢室
收集到的树叶贮存在特殊的食物储藏室。树叶上会长出一种白色真菌
当幼虫从卵中孵化后，它们以真菌为食
蚁后在真菌中产卵
废弃的树叶被送到垃圾存放室

蜜蜂的巢穴

30秒大揭秘

并不是蜂类都是群居昆虫——有一些是独居的。然而，蜜蜂以庞大的群体生活在一起，可谓是家喻户晓的群居昆虫。

一个典型的蜂群包含一只蜂王、一些雄蜂和多达80 000只的工蜂。工蜂是雌性蜜蜂，但不能产卵——只有蜂王能产卵。工蜂的职责是完成一系列工作，包括打扫蜂巢、喂养幼虫、建造新的蜂巢和外出觅食。雄蜂主要负责与蜂王交尾，发展新的蜂群。

蜜蜂将花蜜（花朵中的一种甜味液体）酿成蜂蜜。它们将花蜜与腹中的化学物质混合，然后反刍至巢室中风干，使其变得更浓、更黏稠。蜂蜜是蜜蜂为自己及幼虫储存的食物。

野生蜜蜂使用身体分泌的蜂蜡建造巢穴。蜂巢通常由六边形的巢室构成。它们在一些巢室中放置卵和幼虫，一些储存蜂蜜。然而，很多蜜蜂会在人类提供的蜂箱中建造蜂巢。我们养殖蜜蜂是为了蜂蜜，同时也是因为蜜蜂在花朵之间传播花粉，对我们种植农作物有帮助。

3秒钟总结

蜜蜂居住在蜂巢中，并且酿造蜂蜜作为食物储存。

3分钟任务

便利的六边形

画一些六边形和圆形。在纸上将它们像蜂巢一样紧紧组合在一起。哪种形状能够更好地拼合在一起？

蜜蜂和黄蜂都是建造六边形的巢穴，这是因为六边形的巢室能更好地拼合在一起，并且共用巢室的边界。通过六边形，能用最少的蜂蜡制造出最多的巢室。

蜂巢总是充斥着嗡嗡作响的蜜蜂，一些蜜蜂忙于哺育幼虫，一些忙着储存蜂蜜，还有一些则在互相沟通

这些巢室中含有储藏的蜂蜜，被白色的蜂蜡盖住

蜂王的外形与工蜂相似，但是个头更大。蜂王能分泌出一种其他蜜蜂能闻到的化学物质，借此控制它们的行为

蜜蜂能通过一种被称为“摆尾舞”的舞蹈互相交流，告知发现食物的地点

工蜂进入蜂巢内部，储存蜂蜜或者饲喂幼虫

幼虫待在这些巢室中

这种舞蹈会表明食物的方向和距离

黄蜂的巢穴

30秒大揭秘

只有部分品种的黄蜂是群居性的，但群居性黄蜂是最常见的。它们身上通常有着黄黑相间的条纹，夏天的时候，你能在野餐时，或者在垃圾桶旁边看到它们嗡嗡乱飞的身影。在黄蜂群中，黄蜂数量高达12 000只。它们能够建造纸质巢穴。

当一只年轻的蜂王发现一个适合建造巢穴的好地方时，一个黄蜂“部落”就开始了。蜂王用颚从树木、建筑物或者篱笆上刮下木屑，与它的唾液混合，混合物最终用来建造由六边形巢室构成的蜂巢。一旦有足够的巢室，它就在里面产卵，然后新的黄蜂被孵化出来了。

当蜂王产下更多的卵时，工蜂接管建造蜂巢的工作。黄蜂的巢穴能在一个夏天内增长至一米。工蜂也负责外出觅食。它们自己喜欢含糖的甜味食物，而捕获的飞蛾、毛毛虫或苍蝇等动物则用来喂养幼虫。得到最多食物的幼虫成为新的蜂王。

秋天到来时，第一代蜂王死去，蜂群四分五裂，出现食物匮乏的现象时，它们甚至会吃掉同类。及至冬季，除了新的年轻蜂王，其他黄蜂都会死去。与雄蜂交尾后，蜂王在某个安全的地方蛰伏，直至春天的到来。

3秒钟总结

某些品种的黄蜂是群居性昆虫，它们利用木屑建造纸质蜂巢。

3分钟任务

学习被黄蜂蜇后的急救措施

黄蜂具有较强的攻击性，可以发动多次袭击。如果你或者身边的人被蜇了：

- 用布包住冰块，放在伤口周围，使其降温。
- 留意过敏反应。如果出现头晕或昏迷、脸部或舌头肿胀、皮疹或者呼吸困难等现象，立刻呼叫救护车。

这个典型的黄蜂巢穴全部由黄蜂将树木咀嚼后所变成的纸张建成

蜂王选择某个安全、隐蔽的地方建造蜂巢，比如一棵树、地上的一个洞、阁楼或者地窖

为了制造纸张，黄蜂从树木或者木料上刮下木屑

工蜂咀嚼、撕碎木屑，然后用来建造纸质巢室

与蜜蜂相似，黄蜂建造六边形的巢室，为幼虫提供成长之所

工蜂为蜂王和幼虫提供食物

白蚁穴

30秒大揭秘

一只工蚁仅靠自己的力量并不能做成什么。白蚁是一种体形较小、身体较为柔软的白色昆虫，部分品种的眼睛是完全看不到东西的。但是作为一个群体齐心协力的话，蚁群能够保证自己的安全，保卫蚁后，养殖食物，并且（就某些品种而言）建造自己高大的塔状巢穴。

建造塔状蚁穴的白蚁分布在非洲、澳大利亚、南美洲和亚洲。一个知名品种——大白蚁可以建造比一层楼还高的蚁穴。这会花费很长时间，不过一个蚁群可以存活10年，甚至更长时间。任何时候，一个蚁穴里可能都有超过100万只白蚁生活于其中。

工蚁会收集黏土和泥土，与它们自己的唾液和粪便混合，用来建造蚁穴。蚁穴的外部因为光照而变硬，从而形成坚硬的外墙，抵御天敌入侵。但是内部保持着温暖和湿润，泥土依旧柔软，因此白蚁可以不断新建和重造巢室与隧道。

至于食物，白蚁收集死亡植物，将其带回巢穴。一些白蚁吃植物，在嚼碎的植物和粪便混合物上会长出一种真菌，另一些白蚁则以此为食。

3秒钟总结

白蚁群中生活着数百万的白蚁，一些会建造高高的巢穴。

小知识

爆炸白蚁！

白蚁有许多天敌，因此它们有诸多聪明的方法来摆脱危险。一些白蚁能够以高速喷射粪便。科学家已经在南美发现一种可以爆炸的白蚁！老工蚁在它们的背上储存一种蓝色的有毒物质。当蚁群处于危险之中时，它们通过爆炸向敌人喷洒有毒物质。

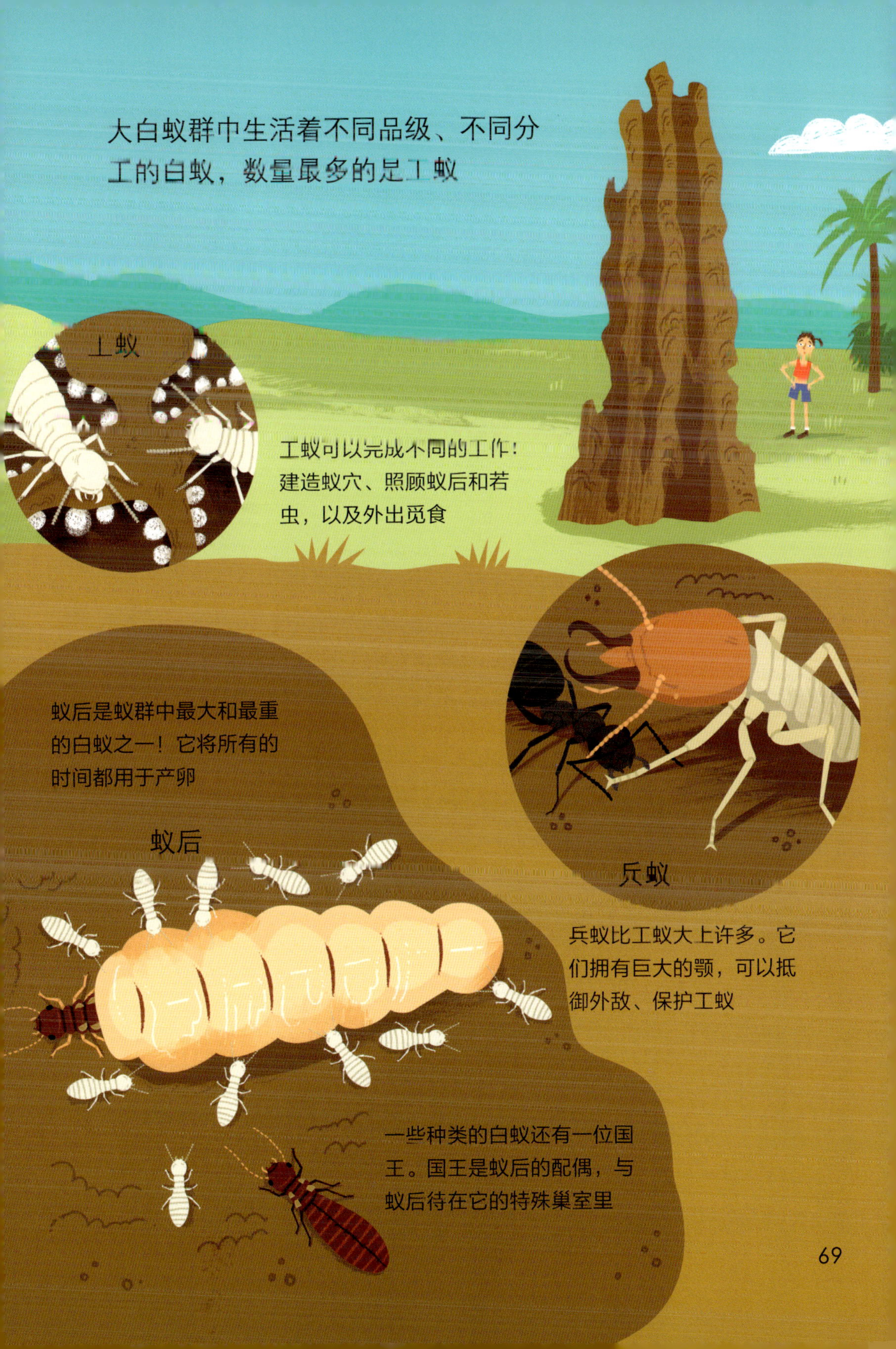

大白蚁群中生活着不同品级、不同分工的白蚁，数量最多的是工蚁

工蚁

工蚁可以完成不同的工作：建造蚁穴、照顾蚁后和若虫，以及外出觅食

兵蚁

兵蚁比工蚁大上许多。它们拥有巨大的颚，可以抵御外敌、保护工蚁

蚁后是蚁群中最大和最重的白蚁之一！它将所有的时间都用于产卵

蚁后

一些种类的白蚁还有一位国王。国王是蚁后的配偶，与蚁后待在它的特殊巢室里

昆虫与人类

当一只苍蝇停留在人类的午餐上，或者一只蜜蜂嗡嗡乱窜离人类太近时，人们通常会感到恼怒、心烦意乱，甚至害怕。我们对这些现象已经司空见惯：昆虫不请自来分享我们的食物，挡住我们的去路，有时候还会叮咬我们。这可能是令人讨厌的，甚至是危险的——昆虫会传播一些严重的疾病。然而，并不是所有的昆虫都是害虫。有些昆虫可能会带来麻烦，而另一些则会对我们有所助益。我们的生活甚至离不开某些昆虫。

害虫

30秒大揭秘

我们与昆虫共享这个世界，地球上的昆虫比人类多得多。每有一个人，就有超过一亿只昆虫！它们全都需要食物和居住的地方。这就意味着，一些昆虫会给我们带来形形色色的问题。

对昆虫而言，农民种植的农作物，简直是一大片新鲜多汁的食物，可供它们大快朵颐。不同种类的昆虫，爱吃的农作物不同。科罗拉多马铃薯甲虫能够将一整片马铃薯或者西红柿啃食一空。咖啡蛀虫会在咖啡豆上钻孔，然后在里面产卵。棉铃虫则会吃掉棉花的花蕾，导致它不能长出毛茸茸的棉花。

在非洲，采采蝇会在牛、马和猪之间传播疾病，以至于数百万的动物生病或者丧命。舞毒蛾和树皮甲虫会侵害整个森林的树木。

在我们的家中，家蝇、黄蜂或者蟑螂则不会放过任何可以够到的食物。此外，白蚁和木蚁会蛀空房屋的木梁；跳蚤、床虱和头虱使人发痒；当我们外出野营或远足时，总免不了被蠓虫叮咬。

3分钟任务

不要变成蠓虫的美食！

下一次当你外出野营或者待在户外时，可以用上这些小妙招，从而避免成为蠓虫的美食。

- 蠓虫会被深色吸引，因此，你可以穿颜色明亮的衣服。
- 吃大蒜——蠓虫讨厌大蒜的气味。
- 尽可能待在阳光下——蠓虫喜欢待在阴暗中。
- 如果有蠓虫攻击你，尽快给自己扇风——蠓虫不喜欢风。
- 护肤霜、防晒霜或者润肤露都能在一定程度上阻止蠓虫叮咬。

3秒钟总结

许多昆虫是会给人类带来麻烦的害虫。

在众多农作物地里，农民和啃食农作物的昆虫之间进行着旷日持久的战争

马上就到土豆丰收的季节了，但是科罗拉多马铃薯甲虫和它们的幼虫正在土豆田里大嚼特嚼

农民正在喷洒一种可以杀死甲虫的特殊的真菌孢子

带斑点的红色幼虫以叶子为食，严重破坏了这株植物

这只带条纹的黄色成年甲虫津津有味地咀嚼着树叶，并且在上面产了大量的虫卵

这只捕食者属于步甲科甲虫，它会吃掉科罗拉多马铃薯甲虫的卵和幼虫，从而控制它们的数量

危险的昆虫

30秒大揭秘

一只小小的爬虫真的能成为夺命杀手？答案是肯定的——有几类昆虫能够杀死人类。小心以下几种昆虫！

亚洲大黄蜂是世界上最令人毛骨悚然的昆虫之一，通常分布在日本。它是一种体形巨大的黄蜂，长达5厘米，据说，被它蜇一下那种疼痛就像被一根滚烫的钉子扎进肉里！如果一次被好几只黄蜂蜇（它们通常会这样），毒液则会是致命的。

一般体形的黄蜂和蜜蜂也有一定的危险性，尤其是当某个人对它们的毒针过敏时，或者被蜂群攻击时。杀人蜂是具有非同寻常的攻击性的蜜蜂，有时候它们会攻击人类。

南美巨蚕蛾不会攻击人类，但是它的幼虫会。其幼虫的全身布满针状的刚毛，一旦有人触碰它，它便将刚毛刺入人体并且将其折断。它们能通过刚毛向人体注射一种毒性极强的毒液，往往会置人于死地。

最致命的昆虫通常会在叮咬或者吸食人血的时候传播疾病。过去，跳蚤传播的致命疾病——黑死病曾导致数百万人丧生。蚊子通过传播疟疾和黄热病，至今仍给成千上万的人造成困扰。

3秒钟总结

对人类来说，一些昆虫可能是极其危险的。

3分钟任务

想象一只昆虫

科学家每年都会发现成百上千的昆虫新品种。画出一只你想发现的昆虫的样子，并且涂上颜色。你的昆虫有多大？它用什么防御？它对人类而言是致命的还是有益的？它能飞吗？它以什么为食，谁是它的天敌？为你的昆虫取个名字吧。

以下是昆虫界的一些夺命杀手。按照它们的危险程度，你会如何排序呢？

亚洲大黄蜂是世界上最大的黄蜂之一，它的蜇针所造成的痛苦程度在昆虫界数一数二

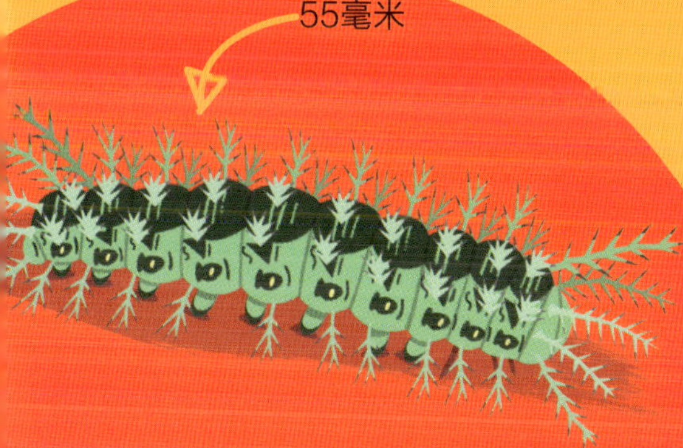

南美巨蚕蛾的毛毛虫全身遍布刚毛，里面含有昆虫界最危险的致命毒液

一般而言，蜜蜂是比较温和的昆虫，但如果是杀人蜂这一品种，蜂群会向目标发起致命攻击

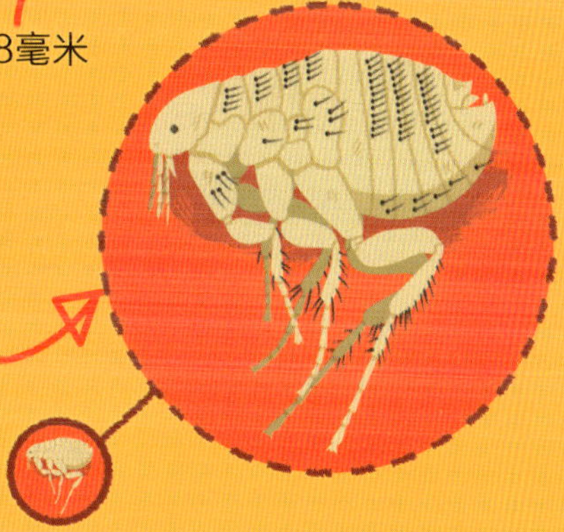

被跳蚤咬一口无足轻重，但如果它刚好携带了致命病毒，情况就截然不同了

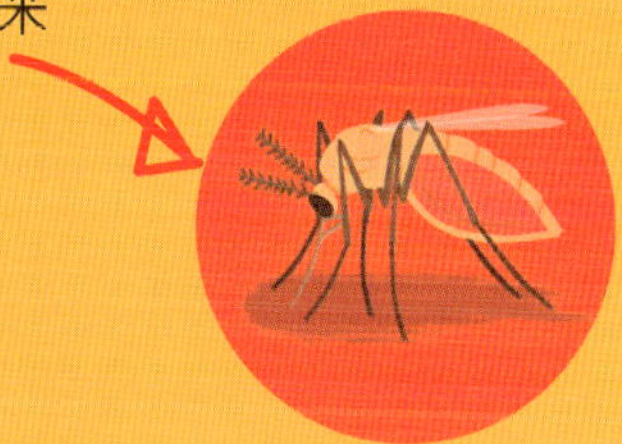

就像跳蚤那样，蚊子本身并不危险，但是它们传播的病毒可能导致疟疾等致命疾病

益虫

30秒大揭秘

尽管有些昆虫令人生厌，但是也有一些是益虫。事实上，有些昆虫对人类至关重要，如果没有它们，这将是一种灾难！

最有益的昆虫非蜜蜂莫属。除了为我们提供蜂蜜和蜂蜡，蜜蜂还能帮助农作物授粉。我们的农作物，比如苹果、梨、覆盆子、南瓜、咖啡和向日葵可以结出果实和种子，都依赖蜜蜂在花朵间传粉。

一些昆虫能产出对人类有用的物质。紫胶虫分泌的虫胶，可以用于家具抛光，以及制作清漆、油漆、染料和食品釉。这种昆虫会分泌出一种柔软闪亮的虫胶，包裹住它们的卵。数千年来，人类已经学会了如何养蚕蛾从而获得优良的蚕丝，因为蚕蛾的幼虫在变成蛹的时候会吐出蚕丝包裹住自己。这些蚕丝可以制成丝织品。

有些昆虫擅长清理，堪称“自然界的清道夫”。食腐蚁、蜣螂、埋葬虫、蠼螋等昆虫以动物的粪便、死亡动物和植物为食。它们将这些清理干净，从而保持地面清洁，有助于生物循环。博物馆甚至会用某些甲虫清理掉动物骨骼上残存的皮肉，以便展览。

3秒钟总结

有些昆虫，比如蚕蛾、紫胶虫和蜜蜂，对人类极其有益。

对昆虫施以援手

如今，蜜蜂的数量越来越少，而你可以试着帮助它们存活下来：种植能长出花蜜和花粉（这些是蜜蜂的食物）的植物；购买当地的蜂蜜，支持养蜂人；当一只蜜蜂飞近时，不要拍死它！保持冷静、不乱动，它就会自己飞走。

蜜蜂是对我们最有益的昆虫。我们通过蜜蜂来帮助农作物授粉，从而结出果实和种子，为我们提供食物

☆ 小问题答案 ☆

第8页： 辨一辨

蚊子、头虱、萤火虫、跳蚤和飞蛾都是昆虫。

狼蛛、尘螨和蝎子都是蛛形纲动物（拥有八条腿的虫子）。

蜗牛是软体动物。

潮虫是甲壳动物。

第26页： 找出质数

在1和30之间有10个质数，分别是2、3、5、7、11、13、17、19、23、29。

第44页： 吃掉它们！

蠓虫汉堡——乌干达

莫帕尼毛毛虫——博茨瓦纳

彝斯咖魔——墨西哥

佃煮昆虫——日本

亚澳白裙夜蛾——澳大利亚